中国文化知识读本

Zhongguo · Wenhua
Zhishi Duben

徽州文化

主编 金开诚

编著 杨影

吉林出版集团有限责任公司

吉林文史出版社

图书在版编目（CIP）数据

徽州文化 ／ 杨影，王柬编著. —— 长春 ：
吉林出版集团有限责任公司 ：吉林文史出版社，2009.12 （2023.4重印）
（中国文化知识读本）
ISBN 978-7-5463-1709-0

Ⅰ. ①徽… Ⅱ. ①杨… ②王… Ⅲ. ①文化史-徽州
地区 Ⅳ. ①K295.4

中国版本图书馆CIP数据核字(2009)第236922号

徽州文化

HUIZHOU WENHUA

主编/金开诚 编著/王 柬 杨 影
项目负责/崔博华 责任编辑/曹 恒 于 涉
责任校对/王文亮 装帧设计/曹 恒
出版发行/吉林出版集团有限责任公司 吉林文史出版社
地址/长春市福祉大路5788号 邮编/130000
印刷/天津市天玺印务有限公司
版次/2009年12月第1版 印次/2023年4月第5次印刷
开本/660mm×915mm 1/16
印张/8 字数/30千
书号/ISBN 978-7-5463-1709-0
定价/34.80元

前 言

　　文化是一种社会现象，是人类物质文明和精神文明有机融合的产物；同时又是一种历史现象，是社会的历史沉积。当今世界，随着经济全球化进程的加快，人们也越来越重视本民族的文化。我们只有加强对本民族文化的继承和创新，才能更好地弘扬民族精神，增强民族凝聚力。历史经验告诉我们，任何一个民族要想屹立于世界民族之林，必须具有自尊、自信、自强的民族意识。文化是维系一个民族生存和发展的强大动力。一个民族的存在依赖文化，文化的解体就是一个民族的消亡。

　　随着我国综合国力的日益强大，广大民众对重塑民族自尊心和自豪感的愿望日益迫切。作为民族大家庭中的一员，将源远流长、博大精深的中国文化继承并传播给广大群众，特别是青年一代，是我们出版人义不容辞的责任。

　　本套丛书是由吉林文史出版社和吉林出版集团有限责任公司组织国内知名专家学者编写的一套旨在传播中华五千年优秀传统文化，提高全民文化修养的大型知识读本。该书在深入挖掘和整理中华优秀传统文化成果的同时，结合社会发展，注入了时代精神。书中优美生动的文字、简明通俗的语言、图文并茂的形式，把中国文化中的物态文化、制度文化、行为文化、精神文化等知识要点全面展示给读者。点点滴滴的文化知识仿佛颗颗繁星，组成了灿烂辉煌的中国文化的天穹。

　　希望本书能为弘扬中华五千年优秀传统文化、增强各民族团结、构建社会主义和谐社会尽一份绵薄之力，也坚信我们的中华民族一定能够早日实现伟大复兴！

目录

一、徽州文化概论

徽州古城门

（一） 徽州文化的得名

徽州有着悠久的历史。其前身经历了"三天子都"——"蛮夷"之地——属吴、越、楚——秦置黟歙——新都郡——新安郡——歙州的漫长过程。北宋末至清代的徽州，其辖境相当于今安徽省的歙县、休宁、祁门、绩溪、黟县及江西省的婺源等县地。徽州在地理上隶属于安徽省，但徽州文化只是安徽文化的一部分。徽州文化随着徽州区域的形成而形成，随着徽州社会的发展而发展。

从自然地理环境上看，徽州自古以来就是一个独立的区域，早在南宋淳熙《新安志》

时代，就有"山垠壤隔，民不染他俗"的说法。所谓"山垠壤隔"，是说徽州的一府六县处于万山环绕之中，是一个具有相对独立性的地域社会；所谓"民不染他俗"，是指在一个相对封闭的地理环境中，徽州逐渐成为一个独立的民俗单元，形成了自己独特的风俗和民情。从唐代大历五年（770年）开始，徽州的行政区域划分就基本上没有太大的变化，辖区面积一直比较固定。当时的歙州领有歙、休宁、黟、婺源、祁门和绩溪六县，而明清时期的徽州府，也基本上就是上述地区。据道光《徽州府志》卷一《舆地志》记载，清代徽州府东西长390华里，南北长220华里，如果采用现代数字计算，总面积

风景如画的徽州古村落

为 12548 平方公里。

北宋宣和三年（1121 年）歙州改名为徽州，从此历史进入了徽州时代，同时徽州文化的时代也随之到来。徽州的一府六县是地域上原徽州府属歙、黟、婺源、休宁、祁门、绩溪六县。在长达 890 年的时间里，朝代不断变更，名称不断变化，但这六个县一直隶属于徽州，这在中国历史上是极为罕见的，同时也为徽州文化体系的形成和发展创造了良好的条件。

任何一种文化的形成都要经历一个漫长的演进过程，徽州文化也是这样。在徽州文化形成之前经历了南越文化、山越文化和新安文化三个发展时期。虽然这些文化与后来的徽州文化有着本

安徽歙县石潭春色

徽州文化的形成经历了
漫长的演变过程

质上的不同，但它们却在一定程度上间接和
直接地催生了徽州文化。特别是其中的新安
文化，当古代中原文化与当地幽闭的地理环
境和社会经济生活融为一体，便形成了博大
精深、独树一帜的徽州文化。因此可以说它
们是形成徽州文化的背景或基础。

徽州文化是历史上的徽州人民在长期的
社会实践中所创造的物质财富和精神财富的
总和，无论在器物文化层面、制度文化层面，
还是在精神文化层面，都有深厚的底蕴和杰
出的创造。徽州文化是中华民族优秀传统文
化百花园中的一朵奇葩。徽州文化内涵丰富，

在各个层面、各个领域都形成了独特的流派和风格。如新安理学、徽派朴学、新安医学、新安画派、徽派版画、徽派篆刻、徽剧、徽商、徽派建筑、徽州"三雕"、徽菜、徽州茶道、徽州方言等等。徽州文化的内涵不仅体现了中国最正统的儒家思想，也受到了释家、道家思想的深刻影响。徽州文化是中国传统文化的典型反映，徽州也是儒家、释家、道家文化的一个厚实的沉淀区。

（二）徽州文化的范围

学术界对徽州文化的具体界定没有一个统一的说法，但时间段上大致相符。宏观上学者们都承认徽州文化的存在和发展是具有一定空

徽州文化是中华民族优秀传统文化百花园中的一朵奇葩

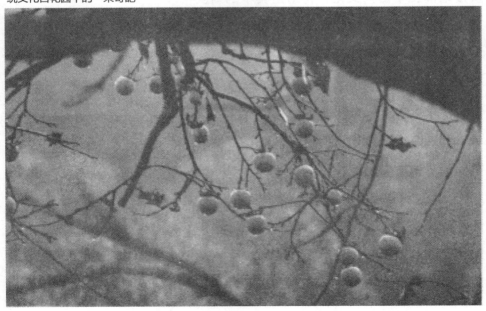

间和时间的特殊性。空间上讲徽州文化根植于徽州的一府六县，在这个具体的地理环境下徽州文化的时间段是以宋代徽州之名正式确立到清代末年，也有学者认为终止时间应为 1912 年废除徽州府时。从事物间的普遍联系观点看徽州文化是在它的前身歙州文化和新安文化基础上发展起来的，同时又对现在的时代发挥着作用和影响，因此徽州文化在这个时间段内适当前后延伸都是可取的。

空间上讲徽州文化根植于徽州的一府六县，但这仅是一种概述的说法，实际上关于徽州文化的具体空间范围在学术界也存在着不同的认识。一部分学者坚持徽州文化的研究区域就在徽州实际的地理范围内，这种观

安徽黟县南屏村民居建筑

安徽黟县南屏村民居建筑

点认为徽州文化是指历史上徽州区范围内的文化综合，这样虽然明确了地理范围但同时也缩小了徽州文化的空间范围，也被称作"小徽州"。

徽州文化作为一种区域性文化，它虽然产生于徽州，但又不仅仅局限于徽州本土，徽州人有"十三在邑，十七在外"的说法，作为徽州文化载体的徽州人民走出徽州，通过自己的活动扩大了徽州文化的地域范围，他们将徽州的文化心理、行为方式、宗族制度、风俗习惯带到了各地，这被称作"大徽州"。

学者郭因在其著作中这样界定徽州文化的空间范围："空间界限首先是徽州人和非徽州

徽州民居高高的墙垛

人在这块土地上所创造的文化，其次是徽州人在非徽州地区所创造的带有徽州文化烙印的文化，三是徽州文化有形无形的影响所及地区带有徽州文化色彩的文化。而徽州不仅指的是原来的一府六县，还该包括曾经先后划入徽州的各县。"这种看待徽州文化空间范围的方法更加符合实际。

综上所述，凡与徽州社会历史发展有关的内容，都属于徽州文化范畴，通常我们用"物质文明和精神文明的总和"来加以概括。细致的划分包括：

徽州古村巷

徽州土地制度、徽商、徽州宗族、徽州历史名人、徽州教育、徽州科技、新安理学、新安医学、徽派朴学、徽州戏曲、新安画派、徽派篆刻、徽派版画、徽州工艺、徽州"三雕"（砖雕、木雕、石雕）、徽州文献、徽州文书、徽派古建三绝（民居、祠堂、牌坊）、徽州村落、徽州民俗、徽州方言、徽菜、工艺、建筑、医学等诸学科。

（三）徽州的自然环境

"一滩复一滩，一滩高十丈；三百六十滩，新安在天上。"徽州，古代称为新安，自从北宋徽宗时改新安为徽州之后一直沿用至今，徽州曾下设"歙、黟、婺源、休宁、祁门、绩溪"等六县，位于安徽省南部，地处皖、浙、赣三省交汇处。大致在黄山南麓，天目山以北，地处原始江南古陆。位于江南吴越文化的闽浙山地和楚文化的江湖山地之结合部，世称"吴头楚尾"，是吴楚"分源"之地。徽州境内，新安江、龙田河水系，下汇钱塘，阊江、婺江水系西入鄱阳湖，绩溪有数水北注长江。总面积大致在 10000 平方公里左右，人口最多时不超过 100 万。

明代戏剧家汤显祖曾经感慨"欲识金银

徽州古村落风景

徽州街景

气，多从黄白游；一生痴绝处，无梦到徽州"，
这几乎是在赞叹徽州就是人间天堂。

独特的地理环境使这里成为动乱年代
中原南下移民的聚居地，持续的移民导致
徽州地方人口与资源失衡，作为一个高移

徽商故里碑

民地区，山多地少，人烟稠密，粮食供给困难，素有"七山一水一分田，一分道路加田园"的说法。据史料统计，宋元以及明代前期人均耕地还能保持在4亩以上，而从明代中期以后则逐步下降到2亩以下。持续而紧张的人口压力给徽州人的生存带来很大困难，土地贫瘠造成的产量低下更加重了这一困境，这迫使徽州人必须倾注全力应付挑战。为了糊口促使大批青壮年远离家乡外出谋生，出门学生意、学手艺养家维持生活。为了生存，人们蜂拥而出，求食于四方，徽谚所谓"前世不修，生在徽州，十三四岁，往外一丢"，也由此形成了一支强大的商业力量，史称徽商。徽州人口与资源之间的矛盾从坏事情又变成了好事情，它从另一方面促成经商贸易的壮大和成熟，商人队伍逐渐扩大，并且从商之人日渐增多，有传统的农民和手工业者，最后读书人也加入了发达的经商队伍。有资料表示，明清时代，徽州的商人达到成年男子的百分之七十左右，徽州的环境一方面限制了当地的发展但又同时促进了徽州的发展，勤劳的徽商是独特的地理环境逼出来的，徽商的崛起成为徽州社会发展的根本动力。

二、徽州文化的形成

（一）徽州文化的发展时期

徽州地区尽管千百年来朝代不断变更，名称不断变化，但徽州的地域相对稳定，这就为徽州文化体系的形成和发展创造了良好的条件。

跟随移民而来的中原汉文化、原有的山越土著文化、徽商活动带回的各方文化融合在徽州这块独特的土壤上，最终形成了以程朱理学为核心的徽州正统文化。徽州文化的内涵十分丰富。徽州人在文化领域里建树、创造了许多流派，这些流派几乎涉及当时文化的各个领域，并且都以自己的特色在全国产生极大影响。

徽州古村落民居马头墙

徽州地区尚学重教，建有府学、县学和书院。徽州府学、县学和书院的发展促使参加科举考试的人数大为增加，从而使得徽州的士子们通过科举的成功获得政治上的崛起，徽州赢得了"名臣辈出"的美称。跟随徽州教育的发展，徽州刻书行业也随之悄然兴起，有资料显示，整个徽州刻书占安徽刻书的三分之一还多，由此可见尚书重教与刻书的发展有着密切的关系，既相辅相成又相互促进。

跟随历史前进的脚步，徽州文化也得

到了曲折却又持续的发展。进入元代以后，汉文化受到打击和压制，徽州文化也不可避免地受到影响甚至是冲击。徽州文化得力于在宋代的强势发展使得它的根基牢靠，根本性质稳定，即使身处恶劣的社会环境依然保持住了发展的惯性。朱子学说地位显赫，被钦定为科举程式，这在很大程度上保证了新安理学的长足发展。同时徽州的教育也持续发展，刻书方面也进一步盛行。

（二）徽州文化的鼎盛时期

徽州文化进入到明代中叶时期，出现了以乡族关系为核心的徽州商帮，并在嘉靖和万历

徽州旧宅影壁上的福字

之间达到繁盛。徽商的成熟一方面像酵母一样刺激徽州文化的发展，另一方面徽商的兴盛又为徽州文化的发展提供了厚实的经济基础，这使得徽州文化在历史发展的过程中不断赢得新的发展机会。

徽州歙县古巷

根据嘉靖年间的史料记载，当时徽商对教育尤其重视，徽州地区书院林立，社学遍地。其中社学达到了 562 所，书院 46 所，教育的发达使得徽州地区的科举考试成绩优异，根据道光年间的《徽州府志》统计，徽州地区明代期间共考取进士达 425 人，成绩斐然。而同时徽州的刻书与版画也保持着良好的发展，其中版画更多地出现在书籍的插图中。新安医学也涌现出一批医学家和医学著作。还出现了著名的数学家程大位，文学家和戏曲家也相继出现。绘画方面形成了"新安画派"，这标志着当地的绘画艺术发展到了一定高度。

徽商的继续发展使得其财力越来越雄厚，他们在本土的生活也不免日趋奢靡，加上新安画派和徽派版画艺术旨趣的侵染，徽州民居的建造遂成为徽商资本消耗的一个重要途径。著名的"徽州三雕"不仅展现了新安画派和徽州版画深厚的艺术根基，也展示了徽商在当时中国无与伦比的财力和物力。徽州的村落建筑也显示出各自的风格，使得徽州建筑的地方特色逐渐强化并显著。

徽州进入清代后，徽州文化继续旺盛地发展。此时徽州一府六县科举之盛位居全国第二，仅次于苏州府，仅一个休宁县（包括侨寓外地的休宁籍者），历史上就先后出了13名状元。明代中叶以后，由于徽商财力的大量投入，徽州教育更加兴盛，以至"十户之村，不废诵读"，坐堂讲学蔚然成风。明清两代徽州人中进士的人数远远超过其他省份。据统计，明一代是392名，清一代是226名。尽管这是一个很不确切的数字，但也足以反映徽州的人文郁

徽州古村落

起。蟾宫折桂，魁台历游，在深山僻壤也不乏其人。私塾更是遍及徽州乡村，"远山深谷，居民之处，莫不有学有师、有书史之藏"。科举及第者众多，于是徽州各地便流传有不少科第佳话，如"连科三殿撰，十里四翰林"。三殿撰者，是合歙休二县而言，乾隆三十六年（1771年）辛卯状元黄轩为休宁人；乾隆三十七年（1772年）壬辰状元金榜为歙县人；乾隆四十年（1775年）乙未状元吴锡龄为休宁人。四翰林是指同治十年（1871年）辛未同科考中进士并一同授予翰林院庶吉士的歙县岩寺洪镔、郑村郑成章、潭渡黄崇惺、西溪汪运纶。这四个村镇都坐落在丰乐溪沿岸十里之内，故称十里四翰林。

明清时期，徽州坐堂讲学蔚然成风

徽州有着浓厚的文化氛围

徽州在科举上取得了荣耀，这些徽州人在科举上的成功，给家族带来了声望，也带来了财富。明以后，徽州由读书科举而入仕的，绝大部分由大族子弟变成了富商子弟。伴随着明清之际徽商势力黄金时代的到来，徽州人读书的条件不断改善，大批徽州进士涌现出来，并逐渐把持朝政。最有名的如歙西雄村的曹文埴、曹振镛父子，都做到官居一品的尚书，民间称之为"父子宰相"。

严格的家训族规、浓厚的文化氛围，经商带来的富裕，为鸿学巨儒的诞生培植了沃壤。所以这里不仅走出了富甲天下的商人胡雪岩，更走出了朱熹、程大位、汪道昆、朱升、江永、戴震、俞正燮、王茂荫、胡适、陶行知、黄宾虹、詹天佑等一大批在思想、科学、艺术、教育等领域颇有建树的人物。同时期，新安画派真正形成，"四大徽班进京"发扬了徽剧的独特魅力，并且对京剧的最终形成起到了有力的促进作用。文学艺术也得到长足发展。

南宋以后政治中心的南移，使得皖江和新安江流域的文化得到迅猛发展，而其间，徽商的崛起，提供了最有力的经济基础。这就是为什么明清两代，徽州社会的整体文化发展水平明显高于全国其他地区的最根本的原因。徽商借助宗族势力和读书入仕的途径，雄霸中国

徽州歙县叶氏贞节木牌坊

徽州文化的形成

徽州许国石坊

商业舞台近 400 年，以它雄厚的财力和物力，滋育出灿烂的徽州文化。从广义的文化范畴来看，徽州地区在徽商鼎盛的那一历史阶段，一切文化领域里的成就，都达到了当时我国、有些甚至是当时世界的先进水平。比如徽州教育、徽州刻书、徽派经学、新安理学、徽派建筑、徽州园林、新安画派、徽派篆刻、新安医学、徽派版画、徽州"三雕"等等。而这一时期，徽州的自然科学、数学、谱牒学、方志学，也都有了很大的发展，并且富有特色。徽派版画、徽派篆刻都于这一时期相继进入辉煌，篆刻中出现了"丁黄巴邓"（丁是丁敬，黄是黄

易，巴是巴祖慰，邓是邓石如）这样
的优秀代表人物。徽剧和徽州菜系的
诞育与形成，更是与徽商奢侈的生活
方式有关。清代十大菜系中的两个菜
系，徽菜和淮扬菜，都是属于徽州文
化的范畴。民众生活层面所追求的精
致、享乐和歌舞升平，是经济极度繁
荣的结果。至于说到新安理学和新安
朴学的创立，即如当代学者余英时所
指出的那样，商业活动或许是儒学向
考证转变的一种外缘。

徽州山水萦绕的地理环境，孕育

徽菜是清代十大菜系之一

出完全不同于平原的文化形态，并将其完好地保存，它们今天仍放射出灿烂的光彩。徽州文化是一个极具地方特色的区域文化，其内容博大深邃，有整体系列性，几乎涵括文化的所有领域。徽州地区文风昌盛、教育发达、人才辈出，深切透露了东方社会与文化之间的关系，全面包容了中国封建社会后期民间经济、社会、生活与文化的基本内容。作为传统社会中最具典型意义的区域社会之一，徽州在现代社会，越来越引起人们的关注，以徽州历史文化为研究对象的"徽学"，已经成为继"敦煌学""藏学"之后崛起的第三大地方学。

（三）徽州文化的特点

山水萦绕的自然环境孕育出博大深邃的徽州文化

徽州歙县许国石坊石狮

徽州文化既是地域文化，又是中华正统文化传承的典型。它集中体现了中华传统文化的精华。早在 20 世纪初，不少中外学者便将探究的目光投向了这片沃土。到了 20 世纪80 年代中期，徽学研究已呈现出可喜的局面。20 多万件反映徽州民间实态的文书的陆续出现，3000 多种徽州典籍文献和 1000 余种族谱的传世，加之大量遗存的地面文物，加大了徽州对国内外众多学者前来考察、研究的吸引力。徽学在短暂的近 20 年间，已发展成为一门令人注目的显学，耸立于学界之林。它从历史文化学的角度，宽视野、多层次地研

究徽州的文化现象，并探索各种文化现象的形成、演进情况，以及彼此间的互动关系。

在《论徽州学的研究对象》一文中，作者对徽州文化的具体特点论述得很充分，他认为徽州文化具有丰富性、辉煌性、独特性、典型性和全国性等五大特点，这是迄今为止对徽州文化特点最全面的解释。

徽州古镇风光

徽州文化的丰富性主要体现在三个方面，首先是遗存丰富。徽州地区历史文献众多，有徽州文书档案、徽州典籍文献等，其中徽州典籍文献历史上见诸著录的有七千种以上，目前存世的上有三千种左右。而大部分没有著述的家刻本如族谱等等有千余种，合计徽州人著述约有四千种以上；徽州文书档案大约有五十万份，数量巨大、内容丰富，其中包括土地文书、赋役文书、宗族文书、财产文书、商业文书、官府文书、诉讼文书、会社文书、科举教育文书、乡规民约等等，文书种类可谓包罗万象。

徽州地处皖南山区，境内山峦叠嶂，群峰竞秀。山垠壤隔的自然环境使徽州形成一个相对封闭的地理单元，历史上较少受到兵燹之灾。在人文上，徽州自唐宋以来，即是经济繁荣、文化昌盛的富庶之区，

徽州建筑石坊上的篆刻和浮雕艺术

一向享有"东南邹鲁"和"文献之邦"的赞誉。因此，与相邻地区相比，其文化遗存保留下来的数量众多。据不完全统计，在徽州现有文化遗存中，古村落有2000余处，古民居6000余处，古祠堂500余座，古牌坊130座，古戏台近30处，古桥1276座，古书院、书屋、考棚、文昌阁和文庙等130余处，古塔17座，古亭阁100余处，古碑刻5005余处。其中既有世界文化遗产中国皖南古村落的黟县西递、宏村，也有全国重点文物保护单位绩溪龙川胡氏宗祠、歙县棠樾牌坊群和歙县渔梁坝等。至于省、市、县（区）重点文物保护单位，更是达数百处之多。同时还拥有众多国家级和省级的馆藏文物以及丰富的地面文物，由此可见丰富性实至名归。

徽州文化内容丰富，几乎都是大家耳熟能详的，例如：徽州土地制度、徽州宗族、徽商、徽州教育、徽州历史人物、徽州科技、新安理学、新安医学、新安画派、徽州朴学、徽州戏曲、徽州文学、徽派篆刻、徽派版画、徽州工艺、徽州刻书、徽州文献、徽州文书、徽派建筑、徽州村落、徽州宗教、徽州民俗、徽州方言和徽菜等等。

此外徽州文化学科众多：如徽州文献、徽州档案、徽州教育、徽州篆刻、新安画派、新安医学涉及到经济、社会、教育、学术、文学、艺术、工艺、建筑等诸多学科，并且每个学科和门类的内容都极其丰富，如徽州档案里面就囊括了鱼鳞册、地契、房契、租约、文约、合同、字据、税单、账册、案卷、信札等等。

徽州文化在千百年的社会实践和历史演进过程中逐渐形成了一个完整的文化体系，它通过自己的丰富性体现出了系统性。而徽州文化体系内的各个要素又相互依存、互为条件，成熟稳定地构成一个更加

徽州歙县系绣重光坊

宏大的系统，完整又生动地展示着徽州社会历史发展的真实情况。

学者唐力行在《苏州与徽州——16—20世纪两地互动与社会变迁的比较研究》一书中，曾在序言部分就徽州文化的独特性作出了系统又精准的论述："与一般的、以传统农业为主的区域社会不同，徽州是一个经济、社会、文化发展相对完整的区域社会，是我们认识传统社会的一个极好范本。从经济角度看，徽州在传统农业之外，还有闻名遐迩的商业。透过徽商看商业资本在传统社会中的作用、商业资本与社会转型的关系，这是其他区域社会难以见到的。从社会角度看，徽州是一个宗族社会，传承了中原地区消失了的魏晋南北朝时期的宗族实态。透过徽州宗族组织、家谱、宗祠、族田、佃仆等看中国宗族社会，这也是其他区域社会难以见到的。从文化角度看，徽州理学昌盛，有'东南邹鲁'之称，理学社会以其特殊的地理、人文环境，造成了一个特有的区域社会生活体系，徽商、徽州宗族与新安理学始终处于互动互补的状态中。"

徽州歙县街景

三、徽州文化的丰富内容

徽州古村落呈坎村

（一）徽州村落

1.徽州村落的历史成因

所谓村落主要是指历史上在小农经济条件下自然形成的农村民居点。是由家族、亲族及其他社会集团结合地缘关系形成的共同体，是社会的基本单位。

村落是传统文化的象征体现，它的起源、发展和布局受到多种因素的影响。徽州古村落是中国乡土社会的一朵奇葩，是正处于转型复兴中的山村聚落，是中国明清时代社会生活的具体写照。随着古村落旅游的不断升温，其知名度和影响力不断提高，并已成为多门学科研究关注的热点。

古村落和老房子，是徽文化最宝贵的物质遗存，村落背山面水，讲的是藏风聚气，村外的大片良田，老屋雕梁刻柱，讲的是"廊步三间"。明椽拱顶，高挑净空，厅堂明亮宽敞。门楼繁复，其上无比精致的砖雕是那样安静和雅致。墙的白色和瓦的黑色透出幽幽的古韵，仿佛是一蹴而就的水墨画。精巧的是砖瓦的结构，细致轻佻；写意的是墙皮斑驳的水印，由深至浅晕出"墨分五色"，仿佛凝固住了时间的美。

徽州所独有的粉壁黛瓦马头墙，在青山和绿水之间，显出分外的醒目和幽雅。对于

远远望去，粉壁黛瓦马头墙显得分外醒目和幽雅

平原上的人们来说，它们美得仿佛不再是一些真实的村子，而是一张张水墨洇染的山水画。这些村落，往往居住着同宗同族的人们，在徽州聚族而居是一种普遍的风俗。康熙《徽州府志》卷一《风俗》中说："新安各姓，聚族而居，绝无他姓搀入者。"也因此在历史上徽州又是家族制度极为盛行的地区之一。自唐宋以来，世系清晰的大家巨族比比皆是，比如分布在各邑的程氏与汪氏。这些古老大族的祖先，大多是因战乱从北方迁徙而来，徽州山重水复，易守难攻，成为中原士族理想的避难场所。千百年来，由王朝更迭、外族入侵、农民起义等等引起的战争连绵不断，但少有殃及徽州者。

徽州村落经历了漫长的形成时期，东晋、

徽州歙县古村落

唐、宋时期中原地区社会动荡、战乱频繁，由此产生中国历史上三次大规模的北民南迁，在移民的过程中中原士族固有的宗族制度以及生产、生活习惯、先进文化都被带到了徽州。不同族群和徽州本地的山越人经过不断的融合，最终达到互相认同、共同发展，并在徽州山区内根据实际生活状况进行调整，逐渐形成了符合中原士族所需要的居住与生活环境，例如村落的选址、聚族居住、战略意义等方面。徽州人的生活空间由最初的山越村落向徽州村落演变。

徽州古村落民居一景

一个地域封闭、崇尚农耕的古徽州经历了宋、元、明近 300 年间的稳定发展时期，数以千计的徽州古村落形成。徽州是开发较晚的地区，其习俗趋向文雅是由于受中原具有一定文化传统的宗族不断迁入的影响。科举入仕成为徽州人保持、发扬家族社会地位和赚取功名的主要途径，进入宋代以后徽州地区名臣辈出，教育日益受到重视。在徽州，教育的发达和科举制度的发展之间形成了密切的关系，并由此催生"耕读文化"为徽州村落的主流文化。而耕读文化田园生活一样的气质对徽州村

落的景观建设有较大的影响。

　　明朝中期到清朝中期是徽州商人发展的黄金时代，也是徽州村落发展的鼎盛时期。徽州本土的物资供给能力十分有限，正是在这样的环境逼迫下，作为中原地区豪门望族、仕宦名流的移民后裔加之徽州人优秀的文化基因终使他们能够在明清时期执中国商界之牛耳，称雄达数百年之久。在光宗耀祖等宗族文化的强烈影响下，旅居外地的徽商们源源不断地将财富输回故土，兴文运，奖耕读，结果使许多徽州子弟由科举而入仕，进而官商合流，亦儒亦贾。就徽州的经济、社会乃至政治、文化而言，这种局面使其在封建制度内实现了良性循环，最终造就了财富徽州、人文徽州，影响迄于今天。不难理解，从资源利用方式和经济形态的角度来看，古代的徽州村落业已在一定程度上脱离了对农业的依赖，而是靠境外的徽商和徽籍官僚以其雄厚的经济实力反哺乡里来保持繁荣，是典型的寄生型村落，其经济形态属于资源寄生型。村落的主人是那些累资千万、富可倾国的大商人或出将入相、主政一方的大官僚。他们掌握着大量的财富，衣食无虞，无需

徽州歙县街景

向徽州本土索取生活资源，从而能够有足够的条件超越一般的农民意识和现实需求，而陶醉于对自然的欣赏与吟咏，流连于天人合一的精神之域，追求人道合于天道，营造宁心怡情的和谐世界。同时在风水观念的强烈影响下，具有丰厚文化修养的村落主人不惜一切地营造良好的风水意象，保护村落的生态环境。事实上，徽州的田园、山林、水域已与中国同时期其他地方的自然资源有着功能上差异，换言之，徽州已成为徽商或徽籍官僚们的"后花园"，因此，人与自然的充分和谐也就顺理成章了。

对于徽州商人从何时开始染指盐业我们尚不清楚，但徽州人大批与盐发生关联毫无疑问是从明代推行"开中法"开始的。据资料显示，即使是离徽州府比较近的两浙盐场也几乎是徽商的天下，这里看不到山、陕商人的活动痕迹。尽管在人数上说盐商只是徽州商人的一部分，但其实力即使在全国的商人中也是首屈一指的，在成功的徽州商业系统内盐商形成了独占天下的局势。故盐商成为徽州商人的主体，亦对徽州社会和文化影响较大。同时由于各个行业的成功经营，徽州商人们已经积聚

徽州歙县原生态民居建筑

起大量财富，而商人们的利润大多流回家乡，成
为徽州建设的主要资金来源。

　　清朝晚期，盐制改革后徽州盐商开始衰落，
加上太平天国和湘军多年混战的战场主要是徽州
地区，徽州的村落、建筑受到了严重的破坏，多
年的经济积蓄在战乱中丧失，由此徽州村落也进

徽州歙县民居大门

入了衰落时期。在徽商逐渐消亡以后，徽州经济发展和社会变迁相对缓慢，加之新安江水运的没落，造成该区域的萧条和封闭，当然也因此而保留了数以千计的古村落。

如果没有以徽州古村落为代表的大量物质文化遗存的话，徽州文化就难以引起人们的普遍关注，徽学就难以成为独立的学科，这业已成为学界的共识，徽州古村落是传统徽州文化最为重要的载体。

2. 徽州村落的文化特征

徽州村落的古建筑是三次大规模人口迁徙后经过文化大融合的产物，因此徽州古村落的建筑、规划带有明显的南北文化烙印。

依水而建的徽州古村落唐模

"得水而上"的布局使徽州
村落充满画卷韵味

首先，虽然徽州古村落的规划带有明显的共性，如水口、水圳等。"得水为上"的布局使徽州村落的画卷气韵生动。徽州人重风水，村子前有水，背后有山，就是好地方。水是重要的意象，村落的布局多以"水"展开。但因为迁徙人口的祖先文化不同又呈现出不同的个性。

比如绩溪石家村，他们是北宋开国名将石守信的后裔，所以村落的规划以北方中原唐朝主要城市的规划理念为主，再融入地方规划理念。而村落的建筑却又是典型的徽派民居，这样宋代的城市规划与地区文化的结合使得徽州古村落显示出不同的村落景观与文化意蕴。

其次，徽州古村落几乎都有完备的水系、水圳。水圳是自然水渠沿堤岸稍加整理而成，而水沟多为人工修筑，大多暗藏地下。这样完备的人工水系和自然水系的结合是徽州村落的重要的特点之一。

再次，村落中都有礼制性建筑。徽州古村落因山区地理特征，村落民居多半因地制宜，随坡就势，巧借环境，村景高低错落，丰富别致，群体布局轴线感不强，有南方民间建筑的活泼与构图美。但村中用于祭祖的公共建筑如祠堂规整、严肃，显示着北方城镇的风韵。徽州古村落的祠堂皆为多进院落组合，平面、立面有明显的中轴对称，且强化前后、上下、左右既定的位置，而祠堂门前的入口广场"坦"，也一改徽州建筑的不规整平面，多半为正方形或长方形，且中轴与祠堂中轴重合。更有甚者，坦前设相应规则的水塘，中轴也与其中轴重合，这样，水塘、坦、祠堂、祖松这一组"礼制"性建筑处于一条中轴线上，建筑型制在这里仅是文化的物质外壳和表征，它其实表达着社会的规则和规范，必须统属于教化

徽州古村落几乎都有完备的水系和水圳

徽州古建筑外部造型大多简约质朴、淡雅大方

之礼和家族系统，每个家庭及住宅个体须服从于"宗"的系统，服从于村落的中心，不可逾越，强烈地渲染了封建伦理道德的思想。而这种通过显示对祖先的尊敬进而强化家族统治性的建筑风格明显受汉时礼制建筑型制的影响。

在建筑风格上，徽州古建外部建筑造型简约、质朴、大方，色彩以黑、白、灰为主，淡雅素静，有明显的北方建筑风格；而建筑内部雕梁画栋，华丽、秀逸，色彩有金、有彩，丰富艳丽，有明显的南方建筑风格，或精雕细刻、或气宇轩昂。南北风格，阳刚阴柔，使得村落整体显示出不同的文化内涵。

最后，风水观念和风水术，是探讨中国传统文化无法回避的话题，而徽州古村落堪称风水最发达的地方。在徽文化圈，风水观念盛行，风水术之于村落是实用的工具，对聚落形成和景观构成有着实际的影响。徽州先民卜居相宅，按照风水师的指引寻求风水"生境"，规划和布局村基、宅基及墓园，营构理想的环境格局，趋吉而避害。一旦觅得地形、土壤、水质、微气候等自然条件适宜于人和植物成长的"风水宝地"，就在这儿蓄积生命能量，繁衍生息，使居家生活保持与环境的互养、相生、共存。为此，他们倾注了数十辈千万人的智慧和汗水，营造了一个又一个理想的"人居环境"，尤其对古村落水系营建取得了杰出的成就。穿村绕巷的水圳、清溪碧塘、水街井台，"聚气"又"聚财"，既能孕育生气、增添生命力，又能"克火"，维护和调节局部生态环境，同时还是别具一格的景观，为后人留下丰厚的水文化遗产。

徽州古人崇尚读书，提倡耕读并重的理念，促进了古徽州的繁荣与文明，而后来的历史进程也进一步验证耕与读两者不

徽州先民卜居相宅，十分讲究风水

徽州歙县渔梁一景

洁白的马头墙

可偏废，只读不耕，人类无法生存，只耕不读，人类不能进步，文明也难以为继。又耕又读是中国古代小康之家的生活常态，徽州古村落便体现了这种超逸的两栖生涯。

（二）徽州的建筑

徽派"粉墙黛瓦乡村画"是徽州古民居的真实写照，洁白的马头墙，黝黑的屋脊瓦，参差错落，檐牙高啄。这些民居或毗邻而建，或独立而筑，那黑与白的对比、虚与实的映衬、光与影的和谐，入目皆画，步步成景。当然，构成水墨徽州最精彩的视觉元素就是徽州的建筑。

　　徽州文化的传统特征在徽派建筑上体现出独特风格，徽民所营造的建筑系统，如书院、宗祠、牌坊、聚落、住宅、庭院、坟茔等建筑群，都从不同角度反映了他们共同的哲学思想、宗教信仰、伦理道德观念。建筑作为一种文化的载体，从艺术的角度而言，建筑装饰的现象有着复杂的历史文化背景。建筑装饰在给人们带来情感上的审美愉悦、传递着浓郁的历史文化信息的同时，也揭示了建筑的风貌特征和丰富的文化传统。徽州民居建筑装饰的意义既有对以往历史的传承，也有对徽州人人生哲理的思考；既有对理学母体文化的体现，也有对徽州山水环境

徽州古城门

徽州民居一景

的眷顾。徽派建筑青瓦白墙，外简内秀，前庭或后侧一般都布置有小型庭院或花园，粉墙饰以砖雕、石刻花窗，使建筑与山水、花木融为一体，颇具园林之趣，研究和观赏价值都很高。大多为三间与四合格局的砖木结构楼房，马头墙、小青瓦，且"布局之工、结构之巧、装饰之美、营造之精、文化内涵之深"，都是国内罕见，被游客、学者誉为"古民居建筑的宝库"。

贾而好儒，是徽州商人的特色，儒而好贾，是徽州士人的特色。由于亦贾亦儒，他们是有文化素养的商人，或是有钱的知识分子。物质的富有和精神的富有，使得这些徽州商人营造

徽州商人致富后会返乡修祠堂、建住宅，为当地带来了繁荣

的宅第造型浸润着徽州文化和传统文化的熏陶，加以书法艺术、绘画艺术、雕刻艺术的装饰、美化和自然环境的烘托，以建筑造型实践徽州人民的人生观、价值观。从另一个方面来说如果没有徽商雄厚的经济基础和较高的文化素养，是无法营造徽派建筑的。徽州商人返乡营建住宅、祠堂，并在一定程度上资助亲友、养老恤贫。以及从事修桥补路等等公益事业，久而久之，不但形成了当地的繁荣，对建筑和乡村风貌也发生了巨大的影响，形成了独树一帜的徽州民居。歙县志记载"商人致富后即

徽州棠樾牌坊群

徽州文化的丰富内容

051

回家修祠堂，建园第重楼宏丽"，可见当地建筑的发展与徽人外出经商有密切的联系。因此，徽州发达的商业经济和传统文化，为徽派建筑艺术的形成与发展，提供了坚实的物质基础和巨大的精神动力。

如果没有众多富商大贾提供的丰厚物质基础，徽州不可能建造起这么多宏伟的宗祠、书院和牌坊。遍布于皖南山区明清时期的徽州传统民居建筑群，在我国建筑史上书写了诗情画意的篇章，反映了历史上徽州人民最为直接的精神愿望和较为世俗的象征文化需求，为中华民族建筑文化遗产增添了丰厚的一笔。

徽商将大量的商业利润投入到徽州本土，

徽州高大气派的牌坊

徽州建筑雕刻非常精致

徽州民居建筑四周用高墙围起,很有特色

徽州文化的丰富内容

徽州歙县县城老府衙

建造村居和园林，给徽州的建筑风格和乡村面貌，都带来巨大的影响，也因此形成了颇具特色的建筑文化现象。

徽州建筑的风格、工艺特点与营造方式有着极其鲜明的区域特色，反映了徽州人的风水意识和装饰审美观念。徽州民居建筑一般依水势而建，总体呈现出背山面水、山环水绕之势。民居建筑在色泽、体量、架构、形式、空间上，都与自然环境保持一致的格调，建筑与环境相互渗透，人与自然融为一体。因此，无论是人们选择的自然环境，还是人工配置的山水花木，总是和建筑、雕刻装饰共同构筑成充满艺术气氛的文化空间。徽州建筑外墙很少开窗，采光、通风全靠天井，设天井也有"财不外流"的吉利寓意。三间屋的"天井"设在厅前，四合屋的"天井"设在厅中，这种设计使屋内光线充足，空气流通。晴时太阳光自天井泻入堂前，称为"洒金"；雨时雨水落入，称为"流银"；四面屋顶均向天井倾斜，四面雨水流入堂前时又称为"四水归堂"。中国人认为"水"就是"财"，天井的设计就是遵循"肥水不流外人田"的风俗，有"四面财源滚滚流入"之意。

徽州的民居建筑四周均用高墙围起，谓

徽州民居紧闭的大门

徽州古城绣球楼

徽州文化

徽州民居多靠天井采光

之"封火墙"，远远望去好似一座座古堡，房屋除大门外只开少数小窗，主要靠天井采光。这种居宅往往很深，进门为前庭，中间设天井，后设厅堂，厅堂后用中门隔开，设一堂二卧，堂室后又是一道封火墙，靠墙设天井，中间有隔扇，有卧室四间、堂室两间。往后的更多结构大抵相同。这种深宅居住的都是一个家族。随着子孙的繁衍，房子也就套建起来，因而房子大者有"三十六天井，七十二栏窗"之说。在这种高墙深宅的建筑内"千丁之族未尝散居"的民风在国内是非常罕见的。

徽州民居布局紧凑

　　建筑内在装饰上精工细镂，大门内外齐整的青石铺地，石阶层层。门罩饰砖刻、石雕图案，内部楼层栏板和拱柱之间华板美观大方，并绘有装饰图案，楼层栏板边沿设栏杆，下有雀替相衬，上有楼厅窗扇，构造规整明快。内部山门、梁垫等木制构件雕有各式图案，皆以象征吉祥的图案为主。

　　传统徽州民居大都设置庭院园林，庭院一般布置在前庭，也有庭院布置于楼两侧或后院，庭院设置灵活，小巧玲珑，布局紧凑，巧妙运用造园手法，在有限的空间范围内，巧借于因，在庭院胜景中充满诗情画意。

黟县是徽州府治所在地，为徽州之首。1985 年我国政府宣布黟县正式对外开放。1986 年国务院颁布黟县为中国第二批历史文化名城之一。据 1989 年黟县文化局编印的《黟县文物志》记载，该县文化遗迹、古建筑众多，是至今保留古村落最多、最完整的县之一。黟县境内连绵的群山和黄山连为一体，阻碍了它与外部世界的联系，造就了黟县世外桃源的景色，民居数量多、质量精、保存完好。

徽州古民居建筑布局严谨，工艺精湛，蕴藏着极其丰富的文化内涵，2000 年，宏村和与其相毗邻的西递这两座有着千年历史的文明古村，同时被联合国教科文组织批准列入《世界文化遗产名录》。遗产委员会给这两个村的评价是："它们体现了人与自然的和谐，具备了一种独特的文化元素。"宏村和西递是目前保留最完整的徽派古民居建筑的代表，其村落巧妙的整体布局、极富韵律的空间层次都有典型的徽州地方特色，被称为是"古民居建筑艺术的宝库"。

自古就有"桃花源里人家"美誉的西递古村，始建于北宋时期，大约在 1049—

徽州歙县街景

徽州文化的丰富内容

1054 年间，距今已有近千年的历史。西递四面环山，两条溪流穿村而过，整个村落仿"船形"建造，村子长 700 米，南北宽 300 米，村内保存有完整的古代民居建筑 122 幢。沿大理石板往村子去，自古一条纵向街道和两条沿溪的道路为主要骨架，构成东西向为主、南北向延伸的村落街巷系统，街巷两旁民居错落有致，村落空间变化灵活，建筑色调朴素淡雅。其中所有街巷均以黟县青石铺地，古建筑多为木结构、砖墙维护，其中木雕、石雕、砖雕丰富多彩。整个村落与自然环境和谐统一，是徽派建筑艺术的典型代表。

宏村始建于南宋绍兴元年，1131 年间。村

徽州西递古村落

徽州宏村被誉为"中国画里的乡村"

落面积约19公顷，现存明清时期古建筑137幢。宏村地势较高，因此常常被云雾笼罩，被誉为"中国画里的乡村"。宏村的整体布局为"牛形村"，整个村子从高处看宛若一头斜卧山前溪边的青牛。牛背靠的雷岗山为牛首，村口一对古树为牛角，民居群为牛身，穿村而过的邕溪为牛肠，溪水穿流于民居院落，汇入牛胃形的

徽州宏村历史悠久、民风淳朴

月塘和南湖，绕村的山溪上四座木桥为牛脚。"牛形村"的水系设计别出心裁，不仅解决了村民生产、生活用水，也为消防用水提供了方便，而且调节了气温与环境。宏村的古建筑均为粉墙青瓦，分列规整，充分体现了人与自然环境的和谐。其中最有代表性的建筑是号称"民间故宫"的承志堂，堪称徽派木雕工艺陈列馆，各种木雕层次丰富，繁复生动，经过百余年时光的消磨，至今仍金碧辉煌。

（三）徽商

徽商是中国明清时期最杰出的商帮，徽商以

巨大的物质财富塑造了明清时期江南城镇的商业品质。徽商是独特的，亦贾亦儒的文化自觉使徽商从众多的商帮集团中脱颖而出。徽商也是唯一的，商业资本罕见地转化成精致的文化创造，使卓然独立的徽州文化至今星火不息。

徽商产生于徽州，历史源远流长，从东晋起就有新安商人活动的记载，到明成化、弘治年间形成商帮集团，至清乾隆、嘉庆时期，徽商达到极盛，雄踞华夏商界达数百年，执中国商界之牛耳。

明清时期，全国十大商帮中徽商居

徽商修建的村中石板路

首，"无徽不成镇"，"无绩不成街"，徽是徽州，绩则是绩溪，旧属徽州。徽州人"十三在邑十七在外"，除了当官走仕途以外，经商的比例是最大的。徽商有艰苦创业传统，所谓"前世不修生在徽州，十三四岁往外一丢"，徽州地狭人稠，力耕所出，不足以供。为了生存徽州人甚至发展出了独特的吃米方法。在休宁地区做早饭的时候，用很多水煮米，待到煮至半熟时就把大多数的米都捞出来留到中午蒸成米饭，剩下的米继续煮很长时间，直到米粒煮得接近溶化了才端上桌食用。就是这样的一顿早餐，使徽州人从孩童时期就知道本地缺米，形成了深刻的危机意识，自然而然地把外出谋生看做唯一出路。对外谋求发展，不屈于命的徽州人对自己的生存环境作出了无奈的选择，走上了一条逼仄险峻的道路——经商。有的从倒夜壶、上门板开始到站柜台，以至发展成账房先生，有的是一个个家族带出去，父带子、叔带侄、舅舅带外甥，有念书当官不成转而从商的。徽商通过艰辛的商旅之路，创造了盛及百年、富甲天下、无徽不成镇的各种美谈。徽商的进取精神，使世人惊叹。他们"以商从文，

徽州古村落呈坎村狭窄的巷子

以文入仕，以仕保商"，形成了世代轮转的良性循环，故拥有雄厚的经济实力。徽州人经商形式千差万别，但有一点是共同的，就是都把读书当做经商的首要前提。徽州素有"十户之村，不废诵读"的特点，从商做官都要有文化。徽州人读《大学》《中庸》《论语》《孟子》，读朱熹讲的"不取不义之财"，都把儒学作为经商之本。徽商是社会认可的儒商，利他人而求利，求利不可忘义。而徽商亦有浓厚的乡土情感，光宗耀祖，叶落归根，是他们的人生追求，因此"盛馆舍以广招宾客，扩祠宇以敬宗睦族，立牌坊以传世显荣"，是他们的生平大业。为了"传世显荣"，不惜巨资，兴建功名坊、孝行坊和墓道坊。如驰名中外的棠樾牌坊群（明代3座、清代4座），以及稠墅牌坊群和雄村牌坊，基本上都是徽商大贾拨出巨资、破土营造的。这些牌坊，构成忠、孝、节、义四大体系，为后人研讨封建文化史，提供了翔实、宝贵的资料。

探寻徽州古人耕读理念的形成，我们发现，如同中国其他地域一样，徽州古人几千年来一直平静地生活在崇尚农耕的社会中，依赖农耕，解决生存问题。只是到了宋代以

徽州棠樾牌坊群

贞靖罗东舒先生祠

徽州古村落呈坎村宗祠

后，徽州古人才开始清晰地感悟到，依靠农耕解决温饱并非生命的全部意义，人活着应该了解和掌握更多的知识，而这更多的知识必须通过读书来获取。

徽州古人开始重视读书，其初始目的虽然也有博取功名、改变命运的动机，但对于大多数人来说，读书的目的是非功利性的。他们提出"非因报应方为善，岂为功名始读书"，认为读书的目的，并非只是为日后谋取一官半职，而是把读书作为多彩人生必不可少的内容。

而正是读书，使徽州古人的胸怀和视野逐渐开阔，思想也逐渐解放。首先是他们对"耕"的内涵和外延有了一种更深更广的认识，他们认为"耕"，并非就只是脸朝黄土背朝天，在泥土中刨着一粒粒粮食的劳作，人类赖以谋生的一切手段都应被视为"耕"。于是，他们不再只盯着脚下那一点点土地，而是让目光穿越层层叠叠的山峦，逡巡于中国广袤的疆域。

在此过程中，他们大多数人选择了经商这一职业。在他们看来，在耕读并重的社会中，商应该是"耕"的内容的一部分，经商对人类生存和社会发展会起到积极的作用。于是，

徽州古村落呈坎村朴素
淡雅的建筑

徽州秋色

他们在"万般皆下品，唯有读书高"的封建社会，大胆地提出了"读书好，营商好，效好便好；创业难，守成难，知难不难"的理念，而且明确告诉后人，效好便好的"效"字，不仅是成效、效果，更重要是把"效"当"学"字来解读，确定好的学习目标，选择好的学习方法，即便是暂时没有取得理想的效果，这学的过程本身也是令人享受的。

于是，"经商"这一在数千年封建社会中一直被视为"三教九流"之外的"末业"，竟让徽州古人果敢地奉为"第一生业"，为后来"无徽不成镇"的徽商神话奠定了理论基础。

徽墨

自古多山的贫脊土地，使山地民族生长出了另一种生存智慧，弃农经商，兼把山上的特产如茶、墨、砚、纸、漆、竹，通过这泱泱水路，下芜湖，沿长江而行到上海，再运行到全国各地。通过不断的读书，徽州商人拓宽了视野，经营范围由原先的家乡土特产、茶叶、木材、徽墨歙砚，拓展为粮食布匹、南北杂货、盐业典当，涉足商业范围中的所有门类。尤以盐、典当、茶、木为大，其中盐商的财力最为雄厚。明代万历年间，徽商逐渐取得了盐业专卖的世袭特权，他们大都卜居于长江、运河交汇处的扬州一带。明清之际，江浙共有大盐商

35 名，其中 28 名是徽商。几百年来，徽商的足迹无所不至，遍及天涯海角，在东南社会变迁中扮演着重要的角色。

胡适先生称吃苦耐劳的徽州商人为"徽骆驼"，这说明了徽商的形成与发展绝非偶然，正是徽州人以"骆驼"一样的精神创造了"无徽不成镇"的辉煌业绩，并在历史上浓彩重墨地书写了专属于"徽商"的一页。

（四）刻书

徽商之所以能称雄商界数百年，与徽州文化的熏陶分不开，而同时徽商又对徽州文化继续发展产生着影响，这里叙述一下徽商对刻书业产生的影响。明清时期徽州刻书业在宋元的

徽商对中国刻书业产生了重要的影响

胡应麟在《少室山房笔丛》中
对徽州刻书业进行了评价

基础上，继续向前发展，并以强劲的势头保持了几百年，这种状态与徽商有很大的关系。

徽州刻书业历史悠久。在唐代中晚期，歙州开始刻印图书。经过宋元时期的发展，明清徽州刻书业兴盛，徽州府的刻书业跃居于全国的领先地位，并成为全国四大刻书中心之一，另外三个是南京、北京、扬州。明清时期我国图书出版业形成了南京、北京及杭州、苏州、湖州、徽州等刻印中心，其中徽州刻本书籍以"无书不图，无图不精"的优长冠盖群伦。明代胡应麟在《少室山房笔丛》有这样的评价："余所见当今刻书，苏（州）、常（熟）为上，金陵（南京）次之，杭（州）又次之，近湖（州）刻、歙（州）刻骤精，遂与苏、常争价。"明谢肇淛著的《五杂俎》也曾有评论："宋时刻本，以杭州为上，蜀本次之，福建最下，今杭刻不足称矣。金陵、新安、吴兴三地，剞劂之精者，不下宋板。"

从明代开始，徽商进入刻书业，使得刻书出版成为一个产业，在明清江南出版印刷业中占有重要地位。乃至江南刻书出版业的辉煌，都与徽商的投资、技术开发

及其经营分不开。首先徽商进入刻书出版业，融入大量资本，使得私营出版业得到大力发展。在明代，官营在江南刻书出版业中占有重要地位，而到了清代私营却占有绝对优势，对江南刻书出版业的发展产生重大影响。这一变化，集中地表现在坊刻的兴起以及官刻与家刻的蜕变上。明清江南出版的书籍，官府所刻者称为"官刻本"，私家所刻者称为"家刻本"，而书坊所刻者则称为"坊刻本"。在明代，大体上官刻与家刻多是非营利的，而坊刻则完全是为牟利。但是到了清代，前两者的非营利色彩也日益淡薄，逐渐演化为商业化的出版事业。

"徽商经济实力雄厚，亦儒亦贾、附庸风

徽州有许多手艺精湛的雕刻师

雅的官僚组成庞大的徽州府内域外的坊刻网络。明清时期，徽州地区的不少饱学之士及谢职官员积极参与出版活动，不少弃文经营书业的儒商本身就是官僚、学者。他们的刻书事业往往很难分清是家刻还是坊刻。对于徽州这块尊崇儒商的特殊文化地区来说，大部分刻书主是兼而有之的。在这些出版家群体中，尤以明代歙县丰南吴勉学、吴养春、吴瑁、汪士贤，清代小溪项纲、长塘鲍廷博、江村江防、潭渡黄最等刻书家为艺林尚重。"徽州坊刻发达，徽州府治歙县刻书者聚集，书坊鳞次栉比。如汪士贤与吴勉学的"师古斋"、吴瑁的"西爽堂"、吴养春的"泊如斋"等都是名扬海内的书坊。其余的如郑思鸣的"奎璧斋"、吴桂亭的"文枢堂"等书坊也都很有特色。徽州刻工也不计其数，家家户户以雕刻为业。黄氏、程氏、汪氏、吴氏四大家族的刻工最为著名。此外还有仇氏、潘氏、金氏、鲍氏、方氏、胡氏、毕氏、郑氏、朱氏、许氏、余氏等；"刻铺比比皆是，时人有刻，必求歙工"。徽州坊刻到清代中叶进入鼎盛时期，至少有二十多家刻坊，有茹古堂、延古书楼、古香书店、寿春馆、桂芳斋、

徽州村落民居精美的窗棂

徽商热衷于藏书

文盛堂、沈云轩、兰台紫阳室、恒茂等书坊堂号。

徽商的"贾而好儒"表现之一就是喜欢读书，而好读书就必然爱藏书。徽州地区藏书家中就有许多是徽商。关于徽商的藏书，从以下的例子可见一斑：乾隆四库开馆，诏求天下遗书，全国献书五百种以上的仅四家，而徽州就有祁门的马裕（曰馆之子）、歙县的鲍士恭（廷博子）及印痴汪启淑三家，只有宁波范氏天一阁属浙江省。徽州这三家都是经营盐业的大商人。另据刘尚恒先生《安徽藏书家传略》统计从汉唐至近代，历史上可考的藏书家共二百六十人，其中明清两代逾二百，以地区论，徽州为首近百人，芜湖、安庆地区次之。

徽商热衷于藏书自然会不遗余力地购买大量书籍，另外徽商对子弟的读书十分关心，许多商人希望子弟通过读书业儒来改变提升家族的地位，所以为子弟读书无所不用其力。当时几乎所有的刻坊都有刻科举考试方面的书籍，这为徽商及其子弟读书习儒提供了坚实的书籍基础。

刻书业是徽商为文化事业所作的重要贡献之一，刻书业所提供的大量书籍满足了徽商及其子弟读书的需要，也满足了徽商好儒的心理需求，并且对徽商贾而好儒特色的形成与强化，起到了推波助澜的作用。同时刻书业所积累的资金也成为徽商资本的重要组成部分之一。徽州是程朱故里，明清政府对朱熹之学的大力提倡，使徽州人为此而感到骄傲，从而强化了徽州自南宋以来形成的重教传统。在这种风气的影响之下，徽州的学社和书院较多，这些学社和书院又都需要大量的书籍，如此一番更是加强了徽州重视教育的优良传统，对大多数徽商来说，在经商致富后，让子弟走上科举入仕之路，是最好不过的选择，所以出现"十户之村,不废诵读"的局面也就不足为奇了。

安徽歙县紫阳书院《御选唐宋诗醇》刻本

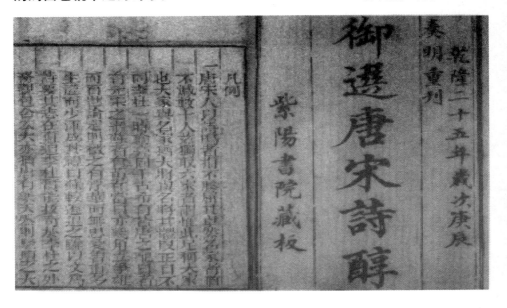

由于徽商的介入，使刻书这一行业更加欣欣向荣；同时徽州的区域特色、徽商的价值取向也通过徽州的刻书业表现出来。其中，刻书业的内容、刻书业的运行都具有浓厚的商业特点，刻书业被打上了深深的商业气息。好儒是徽商一直不断的追求，尽管这可能影响到自己的商业，但大多数商人无怨无悔，即使自己因为生活需要而不得不从事经商，在有可能的情况下，他们也尽量把经商与儒术结合起来，在这个过程中寻求一种心理的平衡与安慰，同时表达着对文化事业的崇敬之情。

（五）徽州三雕

古祠堂、古民居、古牌坊被誉为古徽州"建

建筑上的石雕

筑三绝"，而附着于建筑或陈设于居室，具有徽派风格的木雕、石雕、砖雕，被誉为"徽州三雕"。徽州地处黄山白岳之间，景色秀丽，民意淳朴，所以徽州三雕更多的是表现家乡的秀美山川，像黄山松涛、白岳飞云、寿山初旭、彰山叠翠、石涧流霞、龙尾山色、太白湖光等；也有表现日常生活的场面，如渔樵耕读、男耕女织、洞房花烛、玩狮舞龙、嬉戏孩童等等。徽州建筑的一个大特点就是"有堂皆设井，无宅不雕花"，其中井指天井，而雕则是指徽州民居无所不在的雕刻艺术。徽州民居从外表看平淡无奇，但内部装饰却非同一般，这是由于明清时期营建住宅的等

徽州建筑上的雕花无处不在

徽州文化的丰富内容

徽州民居窗棂雕刻

级制度十分严格，徽商不能越礼，虽然徽商建房极为奢华，但建房规模上不能与官邸争高下，要想在建宅时争奇斗富，只能在内部装修上开动脑筋；同时，徽州人含蓄内敛的个性气质也决定了他们在建房时舍弃了外表的华丽张扬，苦心追求屋内装饰的华美、醉心于精湛的雕刻。这一切都促使了徽州三雕工艺臻于成熟和完美。

走进徽州古村落，如同走入三雕世界的迷宫，令人眼花缭乱的雕饰物让人目不暇接。不同的图案，不同的造型，变化万千。"一宇之上，三雕骈美"，木雕精细中透着华美、石雕粗犷又不失淡雅、砖雕拙古中透露着细腻。

"三雕"的历史源于宋代，至明清时期达到鼎盛。明代时期雕刻粗犷、古朴，一般只有平雕和浅浮雕，借助于线条造型，不讲究透视变化，强调对称，富有装饰趣味。清代时期雕刻细腻繁复，构图、布局吸收了新安画派的表现手法，讲究艺术美，多用深浮雕和圆雕，提倡镂空效果，有的镂空层次多达十余层，亭台楼榭、树木山水、飞禽走兽、花鸟鱼虫、人物风景集于同一画面，玲珑剔透，错落有致，层次分明，栩栩如生，生动

徽州建筑上的木雕

地显示了雕刻工匠高超的艺术才能。

明清徽州民居建筑因其深厚的地域文化和独特的建筑风貌在历史上留下浓墨重彩的一笔，因以其自身的建筑空间形式和绚丽的雕刻装饰展现着她独特的艺术魅力，而赢得世人瞩目。以砖木结构为主体的徽州古建筑群，经受历史风雨的洗礼而依然耸立，无论从建筑学还是美学方面都展示出其自身顽强的生命力，体现了勤劳的徽州人民的伟大智慧。

1. 木雕

古徽州地域内古木撑天，浓荫蔽日，为

民居内的木雕家具

建造房屋提供了种类繁多的优质木材，杉、樟、银杏、椴、椿等木材大量用于柱、梁、枋、门、窗等部位，成为木雕的各种载体。由于徽州古民居木结构为主的特点决定了木雕的绝对优势，在徽州的三雕中，木雕是整个装饰的重点，数量最多，内容最广。徽州的古民居虽然在外观上素雅简洁，但在建筑内部则极尽雕刻之能事。站在古民居的天井里，举目环顾，触目之处几乎遍施雕刻，梁架、栏板、窗扇、雀替、华板，只要有木之处，就有木雕存在。

徽州木雕在选材上不拘一格，善于巧妙利用不同材质的木材施艺。大大丰富并加强了艺术表现力和艺术感染力。木雕多饰于月梁、额枋、斗拱、雀替、梁驼（元宝）、平盘斗、榫饰、钩挂、格扇窗格心、裙板、绦环板、莲花门、窗格、窗栏板、栏杆、轩顶、楼沿护板、挂落等建筑构件以及家具上，能装饰之处无不精雕细刻，气势恢弘，令人叹为观止！繁多、华丽的木雕装饰带来视觉上的震撼。

依托于徽州建筑而存在的徽州木雕有一定的制约性，在于其必须与建筑体紧密结合，建筑构件的大小、比例、位置和材料决定了雕饰采用的构图和手法。这促使徽州木雕的雕刻技艺呈现多元化特点。徽州木雕在雕刻技法上有平板线刻、凹刻、凸刻、浅浮雕、深浮雕、透雕、圆雕等多种。徽州的雕刻技艺展示了工匠们过人的聪颖和睿智，他们根据位置和功能的不同选用不同的材料，尊重并发挥不同材料的特性

徽州木雕技法多样，内容丰富

徽州文化的丰富内容

许多木雕刻画都以民
间故事为题材

选择最佳的雕刻形式。最具特色的装饰点就是雀替构件"倒挂狮"，展现了丰富的圆雕技艺。倒挂狮的造型特点是依据三角形木构件的形制，取猛虎下山的姿势，头尾向外，腹部朝里，身体弯成曲线，四肢成为支点，斜拉的躯干和柱子构成三角，起到支撑承托的作用。而且每座民居的狮子都不相同，造型生动多变的狮子借助匠人们高超的雕刻技艺，显出蓬勃饱满的生命力。

徽州木雕无论是单个的建筑构件的纹样构成，还是整体构件的组合设计，都具有和谐的设计美感。例如徽州古民居建筑天井内的许多功能区域，是通过富有特色的隔扇割断空间的，通常采用莲花门和挂落的形式。莲花门的设计美观、和谐，上部分为了透光一般采用镂空花格，中部称"束腰"，下部称"裙板"。隔扇的中部束腰与人的视线平行，往往是观赏的最佳角度，所以常常也是木雕的精华所在，大都刻画带有情节的民俗故事、戏曲。另外民宅的窗格一般也采用镂空花雕，窗格下沿用平板饰以细腻的雕刻，在窗户三分之一的下部往往配有窗栏板，这是徽州民居很具地方色彩的饰物，方言叫槛挞衣，意思为窗

徽州牌坊是徽州石雕艺术的代表

户的衣裳，既可遮挡视线挡风防雨，又不影响采光。

2. 石雕

多山的徽州盛产优质石材，如黟县青、茶园石、龙尾石等。特别是"黟县青"，质地坚柔润泽、纹理细腻，易雕镂琢磨，是理想的建筑石料。同时"黟县青"材质凝重的黑色和深沉的光泽，成为构成徽州古民居风格的重要因素。

徽州牌楼和牌坊是徽州石雕的代表作。不仅数量多而且艺术水平高。因建造年代的不同而风格各异。它们显示和颂扬了立牌楼人的政治地位和功德业绩。反映和宣扬了历代王朝对封建正统礼教的虔诚膜拜。徽州牌坊作为封建伦理道德的物化形式，是封建的精神需要与自然条件相结合的结果。因此徽州拥有各种功能的牌坊：标志坊、科第坊、功德坊、忠烈坊、贞节坊等等。牌坊的整体造型比例得当、和谐美观。通常运用象征、暗喻和谐音的艺术手法表现抽象意义的雕塑语言。著名的有歙县的许国牌坊、绩溪龙川"奕世尚书坊"等。牌坊因为气势恢弘，雕琢内容丰富技法繁复，一座牌坊几乎是一件综合性的石雕艺术精品。黟县西递胡文光牌坊，整个牌坊上下用典型的具有徽派特色的浮雕、透雕、圆雕等工艺装饰各

建筑上的石狮

种图案，堪称是明代徽派石雕的代表作。

　　用于古民居建筑上的石雕艺术多用于建筑物的基座、栏板、门框、抱鼓、柱础、漏窗、石鼓等构件上。石雕的用料取自徽州山区的花岗石、茶园石和黟县青。由于受雕刻材料本身限制，石雕不及木雕与砖雕复杂，主要是动植物形象、博古纹样和书法。石雕工艺刻风格上，浮雕以浅层透雕与平面雕为主，圆雕整合趋势明显，刀法融精致于古朴大方，没有木雕与砖

许国石坊上的石狮生动逼真

雕那样细腻繁琐。

相比较石雕用于牌坊，石雕在民居建筑中的地位"低下"，似乎不太引人注目。那些石柱础、抱鼓石、石栏杆，只有低头才能看得清楚，但由于石雕与砖雕、木雕韵味不同，其浑厚粗犷，力度不凡，因而也魅力无穷。值得一提的是古民居建筑上的石雕漏窗。石雕漏窗的

内容常常表现了主人的追求意趣。形态常常采取方、圆、扁面、桂叶等造型，"扇形石窗"取"善"谐音；将漏窗雕作落叶形态，是渴望功成名就后能及早回到家乡——落叶归根；最负盛名的是西递西园梁与雀替的"松石""竹梅"石雕漏窗，折射了主人

徽州石雕漏窗

徽州文化的丰富内容
091

徽州砖雕主要用在门楼、门罩处，仿佛是家家户户的脸面

"咬定青山不放松"的气节。漏窗石雕的特点在于"漏、透"，突破了有限空间，既美观、坚固，又具有通风采光的功能，还起到了丰富空间的功效。

3. 砖雕

徽州砖雕是徽派古民居装饰艺术的重要组成部分。徽州砖雕作为一种独特的壁饰，被广泛装饰在民居的大门口、门楼或大门两侧的八字墙及照壁上，就如同家家户户的脸面，形成它特有的普遍性的建筑装饰风格。徽州民宅的门楼一般由"楼"和"罩"两部分构成，统称门罩门楼。门罩在大门上方是一座房子的门面，属于近距离观赏，又是入口的标志，因此大都雕刻得精美考究。"门罩"的形式多样，考究的门罩顶上用青瓦双鱼翘檐加斗拱组成，还装饰有鸱吻和角兽，可以遮挡雨水，瓦檐下用水磨嵌砌着对称而又富有变化的图案。通常为四块一组，题材有"琴棋书画""渔樵耕读""八骏图""博古图"等。有的门罩追求繁复的装饰效果，把门罩做成

徽州砖雕艺术

徽州文化的丰富内容

垂花门式，左右两旁各置一垂莲柱，中间用双层雕刻漏窗"喜鹊登梅"，具有立体的审美效果。也有的砖雕檐下用雕刻的飞檐支撑，额枋下有砖雕斗拱，一般都用深浮雕方法，有的在额枋上嵌以圆雕的人物或动物图案。

砖雕所用的材料是特制的水磨清细砖，制作这种砖需要精选泥土，经人工淘除沙质，烘烧成材。一件砖雕作品的制作，需要经历放样、开料、选料、磨面、打坯、出细和补损修缮六道工序。砖雕局限于在不透空的平面上再现三维世界，由于质地松脆和功能性等多方面原因，不可能像木雕那样具有韧性能够精雕细凿，所以一般采用高浮雕和镂空雕技法。雕刻得比较粗犷，而且刻得比较深，空间层次丰富。清代趋于工巧繁缛，

徽州砖雕艺术

徽州砖雕艺术

一块方不盈尺的砖面上，可以透雕几个层次，有的竟达七八层之多。徽州砖雕艺术展现了徽州工匠们构图布局和总体设计的能力。砖雕形制变化多端却又必须适应结构的要求。砖面的布局往往如整幅立轴和手卷的画法那样严谨。砖雕的打坯工序实质就是构思与构图的过程。工匠们要做到胸有成竹就必须熟悉许多传统题材和画面的安排方法。门罩的总体布局充盈饱满，注重平面的构成形式，秩序井然，简繁得体。砖雕中有很多是系列

徽州民居建筑雕饰精致华丽

组雕，有民间传说、戏剧人物、地方风俗、山水楼台等。徽州古建筑因为有了徽州砖雕的装饰而显得更加完美和雍容大度，徽州砖雕同时也影响了苏州、扬州、淞江等地的砖雕风格。

徽州民居建筑雕饰艺术虽被认为是达官贵人和商贾富豪炫耀尊荣的媒介，但却是众多名不见经传的民间匠人辛勤劳作与智慧的结晶。这些雕饰物都有着不同的文化内涵，代表了人们的美好愿望。徽州三雕独特的审美价值、拙朴天成的艺术风格、精致繁华的艺术造型，是其他艺术形式无可替代的。徽州民居建筑雕饰艺术的广泛应用和高度成熟，是古代徽州文化积淀的结果，也是徽商经济实力以及古代徽州人民审美意识的集中体现。徽州三雕将宋、元、明、清以来儒家文化中"仁""孝"思想与程朱理学"尊""卑"观念融会贯通，流露出独特的庄重、典雅、朴素的艺术风貌，给人一种内敛、含蓄、文雅的艺术感染力。

（六）新安理学

新安理学是产生于古徽州地区、以传承朱熹理学为宗旨的理学派别，因古徽州府治为新安，故称新安理学。新安理学始于宋，传于元，盛于明，终于清，经历了7个世纪的发展演变，对12世纪以后中国哲学史、思想史和学术史的发展产生了重大影响。作为一种地方性哲学流派，新安理学在其演变过程中所呈现出的阶段性特征体现了中国哲学在宋元明清各阶段的共性与徽州地域文化个性之间的有机结合。新安理学作为徽州文化的核心组成部分，它贯穿徽州文化的整个发展过程。

新安理学形成于南宋，唐末五代之后中原儒家文化的南移是新安理学形成的文化条件。儒家文化形成于邹鲁，盛行于中

朱熹像

朱熹故居

儒学教育培养了一大批儒学人才，
这为朱熹理学的产生奠定了基础

新安理学在徽州儒学教育
中盛行一时

原。唐以前，儒家文化的中心在黄河流域。唐末战乱使得中原士族纷纷南逃，地处江南的新安地区以其优越的地理环境吸引了众多的中原大族，从而使儒家文化在这里传播开来。新安文化原属南方系统，颇有巫风。但儒学文化传入后，本土文化日益受其熏染，最终巫风被转化为儒风。新安文化的转型在南宋时期已基本完成。据《休宁县志》记载，当时新安地区普遍重视儒学教育，"以乡校为先务，早夜弦诵，洋洋秩秩，有洙泗之风"。儒学教育培养了一大批儒学人才，这使得新安地区具备了接受、消化朱熹理学的文化条件。

南宋后期朱熹远宗孔孟，近绍周程，集理学

《四书集注》中的论语部分为朱熹所注

之大成，成为社会统治思想，这是新安理学形成的思想背景。虽然程朱理学的体系在南宋时期就已经形成，但那时候南宋王朝偏安一隅，而且在宁宗初年（1196年），理学被朝廷宣布为"伪学"，党人被禁锢，朱熹遭罢官。直到朱熹死后，理学才得以平反。宋嘉定五年（1212年），朱熹的《四书集注》，被朝廷列为国学必读教科书。宝庆三年（1227年），朱熹被追封为"信国公"，后改封"徽国公"。淳祐元年（1241年），周敦颐、张载、程颐、程颢和朱熹都进了孔庙，享受祭祀的待遇。朱熹的思想：仁——源于孔子儒家理论、善——源于佛家学说、节——源于道家学说。古语中说，儒在钟鼎（治理国家），道在山林（修身养性），释在超度（追求解脱）。朱熹将这三种貌似无干的思想体系揉合在一起，体现了他对社会现实的深度了解和研究，也体现了他对如何强化封建统治理论需求的深刻认识和探求。朱熹在儒学的框架中，重整伦理纲常、道德规范，高度重视宗族伦理，以封建纲常约束人的行为，对封建文化影响深远。在此后的宋元明清时期，中国学术思想的发展，无论是全局性的还是局部性的，无不深受这一

紫阳书院

思想的影响，新安地区自然也不例外。

　　朱熹理学传到新安后形成新安理学，还有一个特别的原因，这就是新安乃朱熹故里，新安人对朱熹及其学说有一种天然的亲和性，这是新安理学形成的心理基础。朱熹虽出生在福建尤溪，但其祖籍却是徽州婺源。朱熹父亲朱松曾在徽州歙县紫阳山读书，到福建后曾刻"紫阳书堂"印章，朱熹因此而别号紫阳。由于朱熹祖籍徽州，又是当时名扬天下的儒学大师，所以徽州人怀着对这位同乡大儒的崇敬之情，对朱熹理学也极为推崇。纷纷建祠造庙，将其作为偶像供奉起来。朱熹本人也多次在新安故里聚徒讲学，传播理学，这是

紫阳书院一景

新安理学形成的直接原因。通过多年的讲学传授活动，朱熹理学终于在新安地区传播开来，新安学风从而为之一变，原来沉溺于科场功名的新安士人转而精研朱子之学。这些人学成后又相继兴书院、收门徒、传理学，使得朱子理学深入人心，以至于"家诵其书，人攻其学。而吾邦儒风丕振，俊彦之辈出，号称东南邹鲁，遐尔宗焉"（《万川家塾记》）。对新安学风的这种转变，《婺源县志》叙述道："自唐宋以来，卓行柄文，固不乏人，然未有以理学鸣于世者。至朱子得河洛之心传，以居敬穷理启迪乡人，由是学士争自濯磨以翼闻道。"据休宁程曈所作的《新安学系录》所载，宋明时

紫阳书院一景

期新安地区的理学家达一百多人，正是在这样的条件下，新安理学得以形成并发展。

新安理学有四个演变时期，分别是：第一，南宋形成时期。这一时期的重要代表人物有朱熹、程大昌、吴敬、汪莘、李缯、程永奇、吴昶等人。他们环护在朱熹周围，精研性理之学，著书立说，确立了学派以朱子学为宗旨的基本原则。第二，宋元之交与元代的发展时期，这一时期的主要代表人物有程若庸、胡方平、胡一桂、许月卿、陈栎、胡炳文、倪士毅、汪克宽等人。他们针对朱熹之后"异说"纷起的学术界状况，致力于维护朱子学的纯洁性。将排斥"异论"、阐明朱子学本旨作为学术研究的重心。同时，元代新安理学家崇尚"气节"，不仕元朝，将精力集中于讲学授徒，培养了一批有一定建树和影响的新安理学学者。此期的新安理学出现了人才辈出、学术研究深化和普及读物大量出现等新气象。第三，元明之际与明代的盛极复衰时期。这一时期的要代表人物有郑玉、朱升、赵污、朱同、范准、程敏政、汪道昆、程文德、潘士藻等人。明前期的郑玉、朱升、赵污等人在批评元代理学家墨守门户、死抱师门成说之弊的基础上，先后提出了求"本领"、求"真知"、求"实理"的新的治经主张，并据此指导思想进行学术研究，形成了或"旁注诸经"阐明朱子之学，或"和会朱陆"弘扬本门宗旨的不同学术风格。从学术研究的成就和特色来看。这是新安理学发展史上最丰富灿烂的时期之一。明代中后期的新安理学学者因受"心学"影响，阐释朱子之学不力，整个学派出现萎靡不振的衰落迹象。第四，清代终结时期。这一时期的重要代表人物有江永、戴震、程瑶田等人。他们在清初学风的影响下。倡导汉学，培养了一批以考据见长的新安经学家，最终实现了徽州地方学术从新安理学到徽派朴学的转变。新安理

朱子祠

徽州文化的丰富内容

学从南宋到清代的演变过程，正是12世纪以后中国哲学史和学术思想史的缩影。它对中国封建社会后期历史的发展，特别是对明清时期徽州社会的发展产生了巨大的影响。

朱熹理学对新安理学产生诸多积极影响，如朱熹提倡读书，认为穷理之要必在读书，促进了徽州读书好学的风气。缙绅之家往往自编教材，由父兄率子弟诵读，致使徽州研究学问、从事著述者甚多。理学家对理欲、心物、义理、天人等概念的意义、关系的追问和逻辑论证，提升了徽州文化的理性思维。培养了深厚的理性主义传统，形成"契约社会"，新安理学家恪守朱熹的义利之辨，反复颂扬"正其义不谋其利，明其道不计其功"的思想，学子以之为书院学规；士子以之为立身处世的教条，出了不少廉史；徽州商人"贾而好儒"，以"诚信"为商业伦理。朱熹针对当时宋金对立，一再提出"修内政，攘夷狄"，坚持抗金。宋元明三代，徽州出了不少民族志士，表现了坚贞不屈的气节，与朱熹这一思想的影响是分不开的。理学的核心是伦理纲常，新安理学对忠君孝亲、男尊女卑、祭祀程序、丧礼制服等，规定得尤为繁琐而严格。而且修祠续谱，建坊树碑，

朱熹提倡读书，促进了徽州读书好学的风气

朱熹经碑

旌善纠过。以期起到道德榜样的作用，从朱熹保守的理学体系而言，对新安理学也产生不少消极影响，主要表现为强化宗法等级制度、压迫妇女等。使得大批"贞女烈妇""孝子贤孙"为传统礼教而殉身，这是理学在程朱桑梓之邦结出的恶果。

历史一页一页地翻过了，新安理学所赖以产生、生存的时代背景已经消失，其具体的学术主张和思想观点也大多失去了原有的意义和价值，但是蕴涵在新安理学中的学术精神，却早已浸润在我们民族的血液里。

（七）新安画派

"新安画派"以高雅野逸之情怀、简洁淡远之画风，表现出寒荒萧疏之意境，于明末清初之际在徽州区域崛起，它不仅在安徽画坛上占有一席之地，并且在中国绘画发展史上也占有重要的地位。

　　新安画家倡导"师法自然"，其山水题材，均是自己所亲自历目。新安画坛的早期画家大多数都是恪守节操的遗民画家，其游历本身就是在寻找一个古代隐士啸傲山林的心态和方式。新安画家们在游历过程中不断切磋绘画艺术、吸收外来文化营养。朝代更迭不仅没有影响到绘画的创新与发展，相反遗民画家为了秉承传统文化的气节，选择了逃避现实社会，在绘画中排寂与发泄的生活。"新安四家"里的

新安画派绘画作品

渐江、查士标、汪之瑞、程邃等这些画家都是"雅好广游"之人，中国画坛上徽州号称山郡，境内山峦迭嶂，河溪纵横。黄山、白岳簇立云间，峥嵘挺拔，锦绣连绵；新安江奔流于山谷盆地之间，波光潋滟，晶莹如玉，素有"大好山水"之誉。这一批雅游之士游历南京、扬州、镇江等地的名胜古迹、园林奇观，东南一境的自然山川、风景名胜，并将游历过程中所感悟的山水物象情态、意象积淀的人文精神和庄禅意蕴都在他们身心中得到提炼和领悟，并付诸于画笔。并在总体上形成了"风神懒散，气韵荒寒"独树一帜的绘画风格。他们以山水画作为自己的精神寄托，将山水和画与自己的生命交融在一起，将中国的山水画推到了极致。

新安画家笔下的黄山

新安画派对直接承继了宋元山水画家健康醇正的品格，以师法自然为归，以峻岭奇松、悬崖峭石、疏流寒河入画。同时又对古徽州画的画法和画风在继承的基础上作出了重大改进，他们的画风要么焦墨干笔、浑沦秀逸，要么情韵连绵、风趣巧拔，但善用笔墨，貌写家山，借景抒情，表达自己心灵的逸气，是他们绘画的共同特征。在画论上他们更提倡画家的人品和气节因素，具有鲜明的士人逸品格调。

新安画派表现出来的冷然绝尘的意境，不仅仅是新安山水远离尘嚣给他们带来的灵感，同时也与生逢乱世、苍凉孤傲的遗民心境有一定关系。使得新安画派的作品体现出来一种超尘脱俗和凛若冰霜的气质，意境深邃。

新安画派在徽州历史上创造了前所未有的辉煌，在中国绘画史上也有着举足轻重的位置，其作品风格的定论和历史的定位都与徽州的政治、经济、哲学、文化艺术诸方面关系密切，新安画派将中国文人画推到了一个新的高峰，并且影响深远。

（八）徽菜

徽菜

徽菜代表着徽州区域内人民的饮食食俗，体现着徽州区域文明发展的程度，徽州菜系的共同特征是：清雅淳朴、原汁原味、酥嫩香鲜、浓淡适宜，注重火功、讲究食补，咸鲜微甜、南北皆宜。其内涵不仅包括了作为源头的徽州地方风味，而且也涵盖了安徽沿江和沿淮的风味特色，就是说，徽菜菜系是由安徽一系列既有共性又有各自个性的三种地方风味和流派组成的，它一方面继承了徽州地方风味的优良传统，而另一方面又突破了老徽帮的地方局限性，

徽菜

成为全国公认的八大菜系之一。

　　徽菜起源于南宋时期的古徽州（今安徽歙县一带），故又有歙味之称，距今已有千年历史。明清时期，徽菜曾在长江中下游及苏、浙、闽、赣、鄂、沪等地具有广泛影响。徽菜的形成和发展，与徽商的兴起、发迹有着密切关系。徽商史称"新安大贾"，徽商敛财聚富，生活奢侈而偏爱家乡风味，有的广置家厨，以备自己享用和应酬之需，有的从家乡带人出去开办饮肆酒楼，从事行业经营，这对徽菜的兴起和传播无疑起到了推波助澜的作用。

　　徽菜的名称、由来，蕴藏着不少历史掌故和神奇传说，从而增强了徽菜的文化底蕴。像

"桃花鳜鱼""牛尾狸""马蹄鳖""八公山豆腐""淮王鱼""朱洪武豆腐""大救驾""方腊鱼""李鸿章杂烩"等等，每一道菜点都有一个引人入胜、趣味无穷的故事衬托着，使人在大快朵颐的同时，也享受到精神上的乐趣。例如产生于南唐时代的"大救驾"，虽是一款类似"马蹄酥"的点心，但却是颇有来历的。据传是956年，后周世宗柴荣命大将赵匡胤举兵攻打南唐，围困寿州（今安徽寿县）九个多月始破城，由于长期苦战，人困马乏，赵不思饮食，寿州城内一饮食小贩为他做了一种精美的酥饼，赵食后食欲大开，体质逐渐恢复，赵黄袍加身当上宋朝开国皇帝后，怀念此饼曾救过他的性命，遂将此饼赐名"大救驾"相延至今。

徽菜

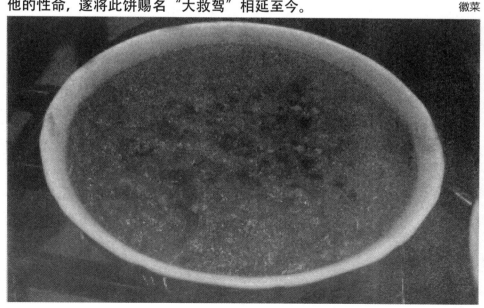

徽菜

再如诞生于近代的"李鸿章杂烩",也是一段颇有趣味的故事。据传光绪二十二年（1896年），清廷派李鸿章去俄国参加尼古拉二世加冕典礼，同时出访美国，这是李中堂最长的一次环球外交活动，在合肥的李府有据可查。在美期间一次宴请各国使臣，让随行的厨师制作了丰盛的中国名菜，外宾食后仍嫌不足，李命厨师添菜，孰料此时厨房准备的正菜备料告罄，无奈将所剩海鲜边脚下料全部下锅混烧上桌，由于火功独到，复合味浓，外宾尝后大加赞赏，纷纷向中堂大人打听菜名，李顺口答曰"杂碎"（即杂烩，合肥土音"杂碎"）。此后，"杂碎"菜便在美国传开，风靡一时，不少旅美华侨纷纷开起了"杂碎"餐馆，大获其利，"李鸿章杂烩"这道菜遂名声大振。

徽商的足迹遍及大江南北，"无徽不成镇"的格局出现后，徽商更是将整个徽州菜系从大山深处带了出去，徽菜在不断的改进和创新中，博采众长，兼收并蓄，最终形成自己独特的风味。

四、徽州文化的遗存价值

徽州有着悠久的文化历史

徽州文化遗存具有极为重要的学术价值，历史上徽州留下的这些珍贵的历史文化遗存，是徽州社会各阶层物质和精神生活的直接体现，徽州文化遗存所透视出的徽州文化内涵是具体的、全方位和多层次的。

徽州保存下来的数量和类型如此丰富的文化遗存，对我们重构和再现徽州人过去的生产与生活，具有不可低估的历史价值。由粉壁黛瓦马头墙式的民居组成的徽州古村落随处可见，完整的古村落如被列入世界文化遗产名录和全国重点文物保护单位的黟县西递和宏村，距今已有数百年历史。它们宏大的规模、恢弘

徽州古村落呈坎村一景

的气势和精雕细琢的工艺，都给我们真实了解清代以后徽商的生活提供了最为直接的依据和活的标本。而悬挂在宏村承志堂那幅"读书好营商好效好便好，创业难守成难知难不难"的木质楹联，则使我们真切体会到三百年前徽州人观念的变革。走在当年的徽商古道和两旁店肆林立的古街如歙县渔梁、休宁万安、婺源清华、祁门侯潭和黟县渔亭等，则又使我们仿佛回到了当年徽商所创造的繁华时代。徽州文化遗存是徽州人生产与生活最真实的客观存在，它为我们复原和再现徽州历史文化，提供了最具说服力的活的证据。

安徽婺源月亮湾景色

徽州文化遗存具有极为重要的建筑学价值，并以依山傍水、山环水绕为村落选址，以粉壁黛瓦马头墙、四水归堂为民居标志；以小桥流水人家、追求精致古朴的园林设计，都是徽派建筑的典型特征。徽州近万处自元至民国时期的各类文化遗存，为我们了解和研究皖南古建筑提供了最有价值的实体，诸如元代遗构的徽州区西溪南绿绕亭、呈坎古村雕梁画栋的贞靖罗东舒祠和明代古建筑群等。这些建筑学上的成就，为我们研究极具地域特色的徽派建筑及其演变轨迹，提供了活的标本。

徽州文化遗存的艺术价值亦不可小视。至

今尚存的近万处徽州文化遗存，在类型上几乎囊括了从官府到民间的所有建筑类型，尤其是文化遗存中整体景观和自然和谐与共，体现出了整体的艺术之美。而古建筑特别是古民居、古祠堂和古牌坊构件上精雕细琢的石雕、砖雕和木雕工艺以及三雕画面中所反映的人物、花鸟、虫鱼和戏文故事等各种内容，栩栩如生，其艺术价值是不言而喻的。至于尚存的数百通徽州碑刻，其文字本身就是一个个精美的书法艺术品。

徽州文化遗存还具有极高的文物价值。宋元明清时期，徽州宗族发达，社会稳定，经济繁荣，教育勃兴，人文昌盛。富甲一方

徽州石雕

徽州山水钟灵毓
秀，人杰地灵

的徽商贾而好儒，不惜斥巨资，进行村庄、居舍、祠堂、园林、学校、书院以及各种公益性设施的建设，留下了丰富的地面文化遗存。如今，这些地面文化遗存从广义上来说，都已变成了文物。这些珍贵的地面文物，仅挤身于世界文化遗产名录的就有黟县西递和宏村的古村落，更有包括许国石坊、棠樾牌坊群、渔梁坝、罗东舒祠、呈坎古村、潜口明宅、老屋阁、绿绕亭、龙川胡氏宗祠、西递宏村古村落和程氏三宅等 11 处，被先后批准为全国重点文物保护单位。这些珍贵的地面文物，不仅具有重要的历史价值，而且具有无与伦比的科学和艺术价值。

徽山徽水钟灵毓秀，物华天宝，人杰地灵。徽州文化拥有丰富的学术内容、多彩的生态资源、星罗棋布的人文景观，数百处保存完整的徽派建筑俨然一座巨大的文化宝藏。随手拾起任何一部分都是耀眼的明珠，恨不得将每一颗明珠都展示给大家，但我们伟大祖国幅员辽阔，其他区域的地域文化一样风格鲜明、体系完整。是它们共同以熠世的辉煌映照历史的夜空，是它们整体构成了博大精深的中华民族传统文化。